ロックな福祉

福祉施設から始まった、だれも置いていかないライブハウス

株式会社S&T代表取締役
川上佐智子

游藝舎
YUGEISHA

福岡市博多区にある「intro.」。
キャパシティは100人ほどの
どこにでもあるライブハウス。

でも、ここは
単なる音楽を楽しむ場所ではない。

音楽の持つ力を深く信じ、
障がいの有無に関わらず、

「すべての人が当たり前に
エンターテインメントを
楽しむ権利がある」

という信念を体現する、
新しい形のライブハウスなのだ。

本来は、
エンターテインメントを楽しむのに
ハードルなんて一切ない。

けれど、残念なことに
障がい者やその家族は、
しばしばエンタメに
触れづらい現実がある。

周囲の目を気にして、
遠慮してしまうことが多いのだ。

intro. は、
そんな社会の壁を
取り払おうとしている。

障がい者だからといって、
特別扱いする必要はない。

ライブも舞台も
旅行もテーマパークも、
障がいのある人もない人も、
普通に楽しんでいい。

もっと普通に
あらゆるエンタメを享受できる、
そんな世の中になってほしくて、
その第一歩として、
強い想いを込めて
このライブハウスを作った。

ここでは、
音楽が単なる娯楽以上の
役割を果たし、
お客さんの生活に
潤いと希望を
もたらす力となっている。

また、intro. は
挑戦と成長の機会を
提供する場所でもある。

障がいのある方も含め、
誰もが音楽を通じて
自己表現し、
新たな可能性を
見出すことができる。

社会貢献の場としての
役割も担っており、
障がい者が出演するイベントなど、
音楽やエンタメの力で
社会にポジティブな影響を
作り出そうとしている。

intro.は人々の心を動かし、
社会を変える可能性を秘めた
特別なライブハウスだ。

単なるビジネスの場ではなく、
音楽を通じて
人々の生活に寄り添い、
支援する場所としての
意義が込められている。

音楽の力で人々をつなぎ、
互いの理解を深め、
社会をより
包摂的なものに変えていこうとする、
小さいながらも
大きな可能性を秘めた場所。

それがintro. なのだ。

はじめに

みなさん、こんにちは。

福岡県で介護・福祉サービスと飲食の会社を経営している川上佐智子と申します。

私は昨年、ライブハウス「intro.」を作りました。

きっかけは、カラオケ仲間だった高校時代の先輩との偶然の再会でした。

その先輩はプロのミュージシャンになっていて、彼が言った「自分がプロデュースをするから、ライブハウスを買わないか」という突拍子もない提案に、私の想いが重なったのです。

「intro.」は私の想いが詰まった特別なライブハウスです。

介護の仕事を通じて、障がいのある方やご高齢の方、そしてそのご家族が安心して音楽やエンターテインメントを楽しめる場所が少ないことに気づきました。

「誰もが平等に音楽を楽しむ権利がある」

その想いを形にしたのが「intro.」なのです。

ここは、音楽の力で人々をつなぐ魔法の空間。

博多駅から徒歩3分という絶好のロケーションにあり、100人収容可能な親密な空間で、アーティストと観客が一体となれる場所です。

車椅子でも利用しやすいよう設計され、スタッフも細やかなサポートを心がけています。

介護が必要な方も、障がいのある方も、そのご家族も、誰もが安心して音楽を楽しめる。

そんな空間を作ることで、音楽の持つ癒しの力、人生を変える力を、もっと多くの人に届けたかったのです。

私は現在42歳なのですが、29歳で介護の会社を立ち上げました。

シングルマザーとして2人の子どもを育てながら会社、飲食店、そしてライブハウスまで経営している私の人生は、まるでジェットコースターのようだといわれます。

でも、そんな波乱万丈な人生だからこそ、みなさんにお伝えできることがあると信じています。


この本を手に取ってくださったあなたは、どんな想いを抱いているでしょうか？

もしかしたら、仕事と家庭の両立に悩んでいる方かもしれません。

シングルマザーの方もいると思います。

あるいは、介護や福祉の仕事に携わっていて、もっと何かできることはないかと模索している方かもしれません。

障がいのあるお子さんを育てている親御さんで、将来に不安を感じている方もいらっしゃるかもしれません。

起業を考えているけれど、踏み出す勇気が出ない方もいるでしょう。

単純に、人生をもっと豊かに、もっと面白くしたいと思っている方もいるかもしれません。

どんな立場の方でも、この本を読んでくだされば、きっと何かを感じ取っていただけると思います。

そして、その何かが、あなたの人生に新しい視点や可能性をもたらすきっかけになれば、これ以上の喜びはありません。

私の人生は、常識にとらわれない選択の連続でした。

２９歳で介護会社を立ち上げたとき、周りからは「経験もないのに大丈夫？」と心配されました。

でも私は、「できる」と信じて突き進みました。

他の介護施設が敬遠するような困難な状況の患者さんを積極的に受け入れる方針を立て、それが会社の成長につながりました。


３１歳のとき、「まりものうどん」という名前のうどん屋をオープンしました。

もちろん、それまでに飲食店を作ったことなんてありません。

それなのに、どうしてうどん屋なのか?

それは、障がいのある方に働くための場を提供したかったからです。

そして、障がい者や高齢者、その家族みんなが集まれる外食の場を作りたかったからです。

その想いから、昨年はライブハウスも作りました。

ちなみにそのうどん屋は、店を広くするために3年前に改築し、今は「まりもの溶岩とり焼き」になっています。

私の経営哲学の根幹にあるのは、「人を大切にする」ということ。
従業員には業界平均をはるかに上回る給与を支給しています。
「介護職は給料が安い」というイメージを打破したいのです。
介護の仕事は、社会にとって本当に大切な仕事。
だからこそ、それに見合った待遇を支払うべきだと考えています。

また、子育てと仕事の両立をしやすい会社づくりを目指しています。
私自身、シングルマザーとして子育てと仕事の両立に苦労した経験があります。
だからこそ、働くママたちを全力でサポートしたいのです。

介護の現場では、「待つ介護」の重要性を説いています。
これは、スタッフがすべてやるのではなく、利用者さんが自分でできることは自分でやり、それを待つという考え方です。

一見、時間がかかるように見えますが、この「待つ」ことが利用者さんの自立を促し、真の支援につながるのです。

私は、障がい者に対する過剰な制限や特別視にも疑問を感じています。障がいがあっても、挑戦する権利はあるはずです。失敗を恐れずに、新しいことに挑戦できる環境を作ることが大切だと考えています。

この本では、私のこれまでの人生経験や、仕事を通じて得た気づきをお伝えしていきます。

第1章では、私の幼少期から青年期までの経験をお話しします。

小学3年生のときに障がいのあるクラスメイトYちゃんと出会い、福祉への興味が芽生えた瞬間。中学時代に手話を学び始めたこと。

そして高校時代は家計を支えるためにアルバイトに明け暮れ、友だちとも遊べなかった。

これらの出来事が、後の人生にどのような影響を与えたのかをお伝えします。


第2章では、就職、結婚、出産、そして離婚、起業という人生の大きな転機について語ります。

精神科病院での仕事、28歳での離婚、そして29歳での起業。

会社が倒産寸前まで追い込まれながらも、従業員の給料を下げずに売り上げを増やす方法を選択した決断。

31歳で「まりものうどん」をオープンし（その後、「まりもの溶岩とり焼き」に変更）、障がい者の就労支援と地域の居場所づくりを両立させた取り組みについても詳しくお話しします。


第3章では、最近始めたライブハウス「intro.」について詳しく説明します。

高校時代に出会った先輩との偶然の再会がきっかけで始まったこの新しい挑戦。

音楽の力で人々をつなぎ、障がい者やその家族も楽しめる場所を作るという私の想い。

そして、この経験を通じて得た新たな気づきや可能性についてお伝えします。

この本では、「intro.」で生まれた感動的な瞬間や、音楽が人々に与えた驚きの変化についてもお伝えしていきます。

最終章では、子育てと仕事、シングルマザー、介護・福祉への想いについて深く掘り下げます。

「待つ介護」の重要性、子育てと仕事の両立をしやすい会社づくりへの取り組み、障がい者に対する過剰な制限や特別視への疑問。

そして、これらの経験を通じて形成された私の人生哲学や、福祉・介護の未来についての考えをお話しします。

これら4つの章を通じて、私の人生の軌跡と、そこから得た学びや気づきをお伝えしていきます。
それは単に私個人の物語ではなく、現代社会が抱える様々な課題や、その解決に向けたヒントが詰まっているはずです。

ぜひ最後まで楽しんでいただければ幸いです。

目次

第2章

就職、結婚、出産、離婚、起業

第3章

障がい者も家族も楽しめるライブハウスintro.設立

最終章

子育てと仕事、シングルマザー、介護・福祉への想い

おわりに

装丁：鈴木大輔（ソウルデザイン）
校閲：鴎来堂
編集：岩崎輝央

第1章

小学校3年生から福祉の仕事を希望

ROCK WELFARE

福祉職とは関係ない両親のもとで育った

私は1982年4月21日生まれです。

北九州で生を受けましたが、3歳のときに古賀へ引っ越して以来、福岡の地で育ちました。

両親から聞いた話によると、引っ越しの理由は父の仕事の都合だったそうです。新しい環境に戸惑うこともありましたが、すぐに福岡の温かい雰囲気に馴染んでいったようです。

私は三姉妹の末っ子で、6歳上と4歳上に姉がいます。

姉たちとは年齢が離れているため、子どもの頃は少し寂しい想いをしたこともありました。

しかし、今では姉妹の絆が私の人生の大きな支えとなっています。

長女は今、私の会社を手伝ってくれています。

彼女の細やかな気配りは、会社に欠かせない存在となっています。

次女は特別支援学校の先生として、子どもたちの成長を見守っています。

彼女の優しさと忍耐強さは、支援を必要とする子どもたちにとって大きな励みになっているようです。

上の2人が福祉に関わるようになったのは、私の影響が大きいかもしれません。

小さい頃から福祉に興味を持っていて、介護の会社を立ち上げた私の姿を見て、姉たちも徐々にその重要性を理解していったのだと思います。

次女はもともと数学の先生でしたが、何かの縁で支援学校に転職しました。

彼女が支援学校での仕事にやりがいを感じている姿を見ると、人生には思わぬ転機があるものだと感じます。

このように、現在は三姉妹そろって福祉系の仕事についていますが、両親はともに会社員で、福祉とは無縁でした。

家で最期を迎えた父の介護

9年前に父が65歳で他界しましたが、最期は在宅介護を望みました。

父の病気が判明したときは、家族全員が大きなショックを受けました。

しかし、父の強い意志を尊重し、家族で協力して最期の時間を過ごすことを決意したのです。

「家で最期を迎えたい」

という父の言葉を聞いたとき、私は迷わず答えました。

「分かった、お父さん。私が全力でサポートするから」

その言葉を聞いた父の目に、安堵の表情が浮かんだのを今でも鮮明に覚えています。

手続きを進め、家族で協力して父を看取りました。

介護の経験を活かしながら、できる限り父の希望に沿った介護を心がけました。

姉たちも仕事の合間を縫って駆けつけ、父との貴重な時間を過ごしました。


母は今も元気で一人暮らしを続けています。

父が亡くなった後も、母の強さには驚かされます。

週末には私たち姉妹が交代で母の家を訪れ、一緒に食事をしたり、買い物に出かけたりしています。

母との時間は、私にとって心が癒される大切なひとときです。


私の家族への想いは強く、とくに父の在宅介護の期間は、大きな親孝行の機会となりました。

仕事と介護の両立は決して楽ではありませんでしたが、父の笑顔を見るたびに疲れも吹き飛びました。

父の望みを叶えることができ、心から良かったと思っています。

最期まで家族に囲まれ、安らかな表情で旅立っていった父の姿は、私の心に深く刻まれています。

家族の絆の大切さを、改めて実感した日々でした。

この経験は、私の仕事や人生観にも大きな影響を与えました。

家族の大切さを知っているからこそ、介護を必要とする方々とその家族の気持ちに寄り添えるのだと信じています。

授業をサボって車椅子を押してトイレに

私が福祉の仕事をしたいと思うようになったのは、小学校3年生のころ。将来を決めるのが早いと驚かれることもありますが、そのころからずっとこの業界で働こうと決めていました。

今も変わらないのですが、小学生のころから誰に対してもはっきりとものを言う私は、どのグループにも属さない一匹狼でした。

とはいっても、孤立していたわけではありません。必要に応じて、どのグループとも交流していました。

「今日は一緒に遊ぼうよ」

と声をかけられれば、喜んで参加しました。

基本的には大勢で一緒に遊ぶわけではなく、誰とでも分け隔てなく接することができたのです。

このスタイルは、小学校から高校まで続きました。

自分のペースを大切にしながら、好きなときに好きなグループと交流する。

それが私のスタイルでした。

「一人が好きなの？」

とよく聞かれましたが、私の答えは決まっていました。

「一人も好きだし、みんなと一緒にいるのも好きよ」と。

私は一人でいることも、皆と一緒にいることも、両方を楽しむことができたのです。

そんな私が小学校3年のとき、Yちゃんという障がいのある子と同じクラスになったのです。

Yちゃんは重度の身体障がいがあり、車椅子を使用していました。

他のクラスメイトはYちゃんを避けがちでしたが、私は違いました。

「みんな、Yちゃんも私たちと同じ仲間だよ」

と思っていたのです。

私はYちゃんとの触れ合いを通して、障がいのある人々への理解を深めていきました。


彼女はトイレに行きたくなったら、言葉を話すことはできませんでしたので、お腹をポンポンと叩くことでその意思を伝えていました。

私はこの小さな合図をすぐに理解しました。

「Yちゃん、トイレに行きたいの？」

私が尋ねると、Yちゃんは目を輝かせてうなずきました。

「先生、Yちゃんがトイレに行きたいと言っているので、一緒に行ってもいいですか？」

このように、授業中でも私はYちゃんをそっとトイレに連れて行きました。

もしかしたら、私のことをすごく優しい小学生だと感じた人もいるかもしれません。ですが実は、Yちゃんをトイレに連れて行っている間は授業から抜け出せるという点が私にとってとても嬉しいことだったのです（笑）。

とはいえ、トイレに連れていくYちゃんの表情からは、安心感と感謝の気持ちが伝わってきました。

それ以上に、Yちゃんの笑顔を見ることが私の喜びになっていました。

Yちゃんには双子の姉妹がいます。

彼女は健常者でした。

「なぜYちゃんだけが……」

と私は思うこともありました。

また、当時通っていた学校には、特別支援学級はまだありませんでした。

Yちゃんは通常学級で学んでいましたが、周りの理解は十分ではなかったと思います。

私はYちゃんとの関わりを通して、福祉の大切さ、福祉教育の必要性を感じるようになりました。

Yちゃんとの出会いは、私の人生に大きな影響を与えました。
「障がいのある人々の支援に携わりたい」という想いが芽生えたのです。
福祉の道を選んだのも、あの頃の経験があったから。
私は今でもYちゃんとの思い出を胸に、福祉の現場で働いています。

先生からの指名を受けて、再びサポートする日々

私は小学5年生の頃から、地域のミニバスケクラブでバスケットボールを始めました。

そこで出会った仲間たちとの思い出は、今でも鮮明に覚えています。

中学校ではバスケットボール部のキャプテンを務めました。

当時は友人に「ボスが好きなんだね」とよく言われていました。

リーダーシップを取ることが自然と身についていたのかもしれません。

チームの実力はそれほど高くなかったものの、一緒に汗を流した仲間たちとの絆は、勝利以上に価値あるものでした。

中学校に進学するとYちゃんは支援学校に通うことになり、学校がバラバラになってしまいました。

Yちゃんとの別れは寂しかったのですが、彼女との思い出は私の心に深く刻まれています。

ちなみにYちゃんは今、私の経営しているヘルパーステーションの利用者となっています。


Yちゃんの代わりではありませんが、中学校でも障がいのある男子生徒と同じクラスになりました。

実は、これは先生の配慮によるもので、私がいたからこそ、その男子生徒を同じクラスに配置したのだそうです。

先生は、

「君がいれば、彼のサポートができると思ったからだよ。君なら彼を助けてあげられると信じていたんだ」

と言ってくれました。

この言葉を聞いたとき、私は身が引き締まる想いがしたのです。

責任の重さを感じつつも、やりがいを感じる日々が始まりました。

小学校時代と同じように、彼の世話をする日々。

彼との時間は、私にとって特別な意味を持つようになっていきました。

もちろん、今回も授業をサボれるのが嬉しいという気持ちもありましたが（笑）。

その男子生徒は肢体不自由で車椅子を使用していました。

彼の日常生活をサポートすることで、私自身も多くのことを学びました。

コミュニケーションは一応取れましたが、一部知的障がいもあったかもしれません。

言葉以外のコミュニケーション方法の大切さを知りました。

また、彼はクラスメイトから軽いいじめを受けていましたが、私はいつもその子を守っていました。

クラスメイトが彼のバッグを引っ張ろうとして、私がそれを止めに入ることも頻繁にありました。

今も昔も、正義感だけは人並み以上に持っていて、とくに弱い者いじめは見過ごすことができなかったのです。

今も付き合いが続いている小・中学時代の友人たち

中学生の頃、町で耳の不自由な子どもたちを見かけたことがきっかけで、手話を習い始めました。

そのときは、新しい言語を学ぶ楽しさと、コミュニケーションの可能性が広がる喜びを感じたものです。

近くの福祉施設で開かれていた手話教室に通い、週に1回のペースで手話を学びました。

これは私の視野を大きく広げてくれました。

手話教室の講師は、私の中学校の運動会にも応援に来てくれたり、私の家に招いたりすることもありました。

母は運動会のときに、私の分だけでなく、講師の分のお弁当も作ってくれたのを覚えています。


このときに手話を学んだことは、今でも日常生活で役立つことがあり、小さな積み重ねが、予想外の場面で生きてくることを実感しています。

たとえば、駅などで耳の不自由な人に出会ったとき、簡単な会話ができるのです。

こうした経験も、多様性を受け入れる心を育んでくれたと感じています。


小・中学時代、私は男女問わず多くの友人たちと仲良く過ごしました。

多様な個性を持つ友人たちとの交流が、私の人間性を豊かにしてくれたと感じています。

彼らとは今でも連絡を取り合うくらい。

その数は20人以上で、長年続く友情の絆に心から感謝しています。

みんな今でも私の店に来てくれますし、年賀状のやり取りも欠かしません。

昔の思い出を語り合うひとときは、かけがえのない宝物です。

「久しぶり！　元気にしてた？」

そんな友情も、私の人生をより豊かなものにしてくれているのです。

家計を支えるために アルバイトに明け暮れる日々

仲間にも恵まれ、楽しく毎日を過ごしていた小・中学校時代。ですが、高校に入学してしばらくしたころでしょうか。家の経済状況がおかしいと感じるようになりました。

夜遅く帰宅した父の疲れた表情や、母の心配そうな眼差しが気になり始めたのです。父は以前より帰宅時間が遅くなり、母は食費を切り詰めようとしているのが分かりました。

「お父さん、お母さん、何か心配事でもあるの？」

と尋ねても、

「何でもないよ」

と笑顔で返される日々が続きました。

しかし、その笑顔の裏に隠された不安を感じ取らずにはいられませんでした。

これは私の想像ですが、父の仕事があまりうまくいかなくなったことに加えて、真ん中の姉が大学に進学し、私が私立高校に通い始めたことで、家計の負担が一気に増えたのが原因だったようです。


友だちと遊びたい気持ちもありましたが、家計の窮状を察し、私もアルバイトをしてお金を家に入れるしかないと決意。

「バイト、始めようかな」

と母に相談すると、

「勉強に専念してほしいけど……」

と複雑な表情を浮かべられました。

母の言葉に迷いがあることを感じ、私の決意は一層固まりました。

家に対して不満もありましたが、それをどうすることもできず、ただ黙々とアルバイトで働き続けました。

友だちとの約束を断る回数が増え、少しずつ孤独を感じるようになりました。ときには両親に対して怒りを感じることも。

ですが、すぐに自己嫌悪に。

「なぜ私だけが……」

という想いと、

「家族のためにがんばらなきゃ」

という気持ちが交錯する日々。

この葛藤は、私の心をいつも重くしていました。

家族全員が節約を心がけていましたが、それでも追いつかない状況でした。

アルバイトに明け暮れる毎日。

学業との両立は困難を極め、しばしば授業中に居眠りをしてしまうこともありました。

休日も、

「今日こそ友だちと……」

と思いつつ、結局はアルバイトのシフトを入れてしまう自分がいました。

友だちとの関係が徐々に疎遠になっていく寂しさを感じながらも、家族のためと自分に言い聞かせました。

高校生であっても、家庭を支えるために働かなければならない。

同級生が楽しそうに学校生活を送る中、私は大人の責任を背負っていました。

そのときから、バイトで稼いだお金はすべて家に入れていました。

自分のために使うお金はほとんどなく、必要最低限の学用品さえ買うのをためらうほどです。

「これ、今月のバイト代ね」

と母に渡すと、

「ごめんね、こんな想いをさせて」

と母が涙ぐむこともありました。

母の申し訳なさそうな表情を見るたびに、私も涙をこらえるのに必死でした。

高校時代に出会った歌の上手な先輩

高校の記憶のほとんどはアルバイトのことばかり。

ですが、そんな忙しい毎日の中でも、たまにカラオケに行くのが私の密かな楽しみでした。

「ねえ、今日はちょっとだけカラオケ行かない？」

と友だちに誘われると、心が躍り、

「うん、でも1時間くらいしか時間ないんだ」

と答えながらも、その短い時間を心待ちにしていたのです。

学業とアルバイトの両立は大変でしたが、カラオケは私にとって大切なストレス発散の場所でした。

カラオケに行った後、

「これからバイトに行ってくるね」

と言って、名残惜しくも途中で部屋を出た記憶があります。

時間が足りないと感じながらも、歌う喜びと友だちと過ごす楽しさは何物にも代えがたいものでした。


ある日、カラオケに行ったメンバーの中に一人、すごく歌の上手い人がいました。

その歌声の主は、高校で1年上の藤本成史先輩。

後に、チキンナゲッツのボーカルとして活躍する彼との出会いは、高校時代のカラオケだったのです。

先輩の歌声は圧倒的でした。

力強くも繊細な歌声に、部屋中の誰もが聴き入ってしまうほどでした。

カラオケに行くたびに先輩が歌っていたのが「19」の曲。

とくに『あの紙ヒコーキ くもり空わって』という歌が大好きでした。

この歌詞には、私の心情が重なるものがあり、何度聴いても飽きることがありませんでした。

「藤本先輩、すごい上手ですね。プロみたい」

と私が言うと、先輩は照れくさそうに笑っていました。

まさか本当にプロになるなんて……。


さらに不思議なことに、私が大好きだった「19」のプロデューサーが、後にチキンナゲッツもプロデュースすることになるのです。

偶然とはいえ、運命を感じずにはいられません。

音楽の世界は狭いようで広く、広いようで狭い、不思議なつながりがあるのだと後年になって実感しました。

とはいえ、当時の私はもちろんそんな未来のことは知らず、

「歌のうまい人っているもんだな」

と思うだけでした。

それでも、先輩の歌声は私の心に強く残り、音楽への情熱を一層かき立ててくれました。

高校時代のカラオケでの思い出は、今でも私の心の中で鮮やかに響き続けています。

あの頃の純粋な気持ちと、音楽を通じて感じた喜びは、今の私の原点となっているのかもしれません。

第2章

就職、結婚、出産、離婚、起業

ROCK WELFARE

小3からの夢だった介護の仕事へ

高校卒業後、私は大学や専門学校には進学せず、就職しました。

就職先は精神科病院です。

職種は介護職で、昔からの夢だった介護の仕事に就くことができました。

小学生の頃から抱いていた介護・福祉への興味は、私の人生の道筋を決定づけたのです。

他の職業を考えたことは一度もありません。

「ここで働けることになって本当に嬉しいです。精一杯がんばります！」

と初日に職場で伝えたときの気持ちは今でも忘れられません。

職場の病院は家から車で10分ほどの距離。

通勤時間が短いことは、忙しい日々の中で大きな救いでした。

仕事内容はオムツ交換、食事介助、入浴介助など、普通の介護職務です。

精神科病院での介護職務でしたので、認知症を含む高齢者の介護も行いました。

認知症の方々との関わりは、ときに難しいこともありましたが、その分やりがいも大きかったです。

「ありがとう。あなたがいてくれて本当に助かるよ」

と患者さんに言われるたびに、この仕事を選んで良かったと実感しました。

患者さんの笑顔は、疲れを吹き飛ばしてくれる魔法のようでした。


そこでは28歳までの10年間を働きました。

その間に私は、結婚、長男と次男の出産、離婚を経験。

また、介護福祉士の資格の取得もしています。

資格取得のために、仕事と勉強の両立は大変でしたが、周りの支えもあって乗り越えることができました。

結婚するまでは、週5日間、朝の8時半から17時まで働き、その後、18時から深夜2時までは、居酒屋でアルバイトをしていました。

介護職の給与が低かったため、アルバイトもしなければ家に満足なお金を入れることができなかったのです。

アルバイトも週5日間入れて、その収入のほとんどすべてを家に。

家族のためにがんばることが、私の原動力でした。

「私ばっかり、なんでこんなに働かなければならないんだろう……」

と思うこともありましたし、ときには疲れて涙が出ることもありましたが、朝から晩までひたすら働き続けました。

今思い返すと、かなりの激務と睡眠不足が重なっていたはずですが、体調を崩したことは一度もありません。

若さと使命感が、私の体を支えてくれていたのかもしれません。

これは今もそうなのですが、ほとんど風邪などをひくこともなく常に元気いっぱい。

健康な体に産んでくれた親に感謝です。

ROCK WELFARE

2人の幼い子どもを抱えて離婚へ

昼は介護職、夜はアルバイトという生活も睡眠時間が取れずに大変でしたが、結婚・出産してからのほうがさらに大変だったといえます。

私は21歳で結婚し、22歳で第一子を、そして24歳で第二子を出産しました。

結婚後は、さすがに夜の居酒屋でのアルバイトには行けなくなりました。

「お客さんとの会話が楽しかったのに」と、少し寂しい気持ちになったことを覚えています。

とはいえ、アルバイトをしないと、実家にお金を入れられません。

昼の仕事が終わってからは家で内職をしていました。

風船を袋に詰める作業や箱折りなど、地味な作業ですが、少しでも家計の足しになればと思っていました。

正直、単調な作業に飽きることもありましたが、妊娠中は大きくなったお腹を、出産後は赤ちゃんの顔を見るたびにがんばろうって思えたのです。


妊娠9ヶ月の出産ギリギリまで精神科病院で働き、1年間の育児休暇中も、子育ての傍らで内職を続けました。

とても休んでなんていられませんでした。

若かったこともあり、体力だけは十分にありましたし。


さらに、次男を出産後は子育てをしながら、元夫の祖父母の介護もしていました。

介護と育児の両立は本当に大変でした。

子どもの世話、家事、内職、介護と、ずっと働いてばかりいた気がします。

一日中、誰かのために何かをしていて、自分のための時間なんて、ほとんどありません。

大変だったけれど、今思えば、あの経験が私を強くしてくれたのかもしれません。困難を乗り越えるたびに、自分の中に新しい力が湧いてくるのを感じました。

ちなみに元夫とは実家が隣同士で、幼なじみでした。

小学生の頃から彼が初恋の人で、18歳の頃から付き合い始め、21歳で結婚しました。彼は1つ年上です。

幼なじみから夫婦になるなんて、映画みたいな話だと思っていました。

でも、現実は映画とは違います。

私が28歳のとき、長男6歳、次男4歳を抱えて離婚を決意しました。

振り返れば、結婚生活の崩壊は少しずつ進行していたのかもしれません。

夫婦の関係が希薄になっていったのは、子どもが生まれてから。

「あなた、最近話をする時間がないね。あまり家にもいてくれないし……」

と私が言うと、夫は疲れた表情で答えました。

「仕事が忙しくて……」

子育てと義理の祖父母の介護に追われる日々。

家庭内での夫との接点は、徐々に減っていきました。

「子どもたちのため」と言い聞かせながら、私は必死で家事と育児をこなしていました。

しかし、心の奥底では寂しさが募っていきます。

やがて夫は帰宅が遅くなり、私も我慢の限界を感じ始めていました。

「このまま一緒にいる意味があるのかしら」

そして、ついに私は切り出しました。

「お互い、もう限界だと思う。離婚しよう」

その言葉を伝えたとき、悲しみよりも安堵感のほうが大きかったことに、自分でも驚きました。

ROCK WELFARE

スクールに通いながら仕事と子育て

離婚後、元夫とは全く会っていません。

養育費ももらっていません。

息子たちには、「お父さんに会いたいときは会っていいよ」と伝えましたが、彼らも会いたがりませんでした。

「ママがいれば十分だよ」と言ってくれる息子たちの言葉に、涙が込み上げてきました。

離婚後もしばらくは精神科病院で働いていましたが、給料の低さに悩みました。

夜、子どもたちが寝静まった後、私は必死で家計簿と向き合いました。

「このままじゃ、子どもたちを育てられない……」

そこで、思い切って病院を退職し、ネイルの専門学校に通うことを決意しました。

ずっとネイルにも興味があったのと、ネイルなら介護の仕事をしながら副業でやれるし、今よりお金もたくさんもらえると思ったのです。

不安もありましたが、子どもたちの未来のために、この決断をしました。


とはいえ、生活費と学費を稼がなければなりません。

当面は精神科病院での退職金でしのぎつつ、学校に通いながらヘルパーステーションに勤め、そこで介護福祉士として働き始めました。

「勉強が大変だったけど、介護福祉士の資格をとっておいてよかった」

と痛感しました。

そこでは、利用者さんの自宅を訪問し、料理、洗濯、掃除、入浴介助、買い物代行、オムツ交換など、様々な仕事をしました。

「ありがとう。あなたが来てくれて本当に助かるわ」

そんな言葉をいただくたびに、私の心は温かくなりました。

ヘルパーステーションで8ヶ月ほど働いたある日、ふと思いました。

「この仕事なら、私一人でもできるかもしれない」

その夜、子どもたちに聞いてみました。

「ママが自分で会社を始めたらどう思う?」

「すごい! ママ、がんばって!」

息子たちの笑顔に、私の決意は固まりました。

昔だったら一人で起業などとてもできなかったはず。

ですが、当時はもうインターネットがありました。

会社の立ち上げに必要な手続きや、給料の払い方、会社の印鑑作りまで、なんでも調べて、一人きりでできるのです。

シングルマザーでも会社を作れるなんて、いい時代になったものだと感じました。

ちなみにヘルパーステーションは、初期投資がほとんどかからず、体一つでできる仕事。

当初は車を買う余裕もなかったため、自転車をこいで利用者さんのお宅まで訪問介護に向かうこともしばしば。

雨の日も、風の強い日も、自転車で走り続けました。

「これも子どもたちのため！」

そう自分に言い聞かせながら、ペダルを漕ぎ続けました。

この経験を通じて、私は大きな自信を得ました。

「どんな困難でも、乗り越えられる」

ROCK WELFARE

あえて困難な症例の患者さんを積極的に受け入れる

起業したのは29歳のとき。

社名は「株式会社S&T」。

当時7歳と5歳だった愛する2人の息子の名前からつけました。

会社名に子どもたちの名前をつけることで、絶対に失敗は許されない、倒産させたりしないという強い覚悟を持てたと感じています。

先ほどお話ししたほかにもう一つ、起業を決意した理由があります。

それは、前職での経験がきっかけでした。

介護の現場で働く中で、まだまだ本当に支援を必要としている方々が、様々な理由で適切なケアを受けられていない現状を目の当たりにしていたのです。

そのことも私を起業へと駆り立てました。

独立当初、私は他の介護施設が敬遠するような困難な症例の患者さんを積極的に受け入れる方針を立てました。

困難な方というのは、たとえば元暴力団員の方やクレームの多い方、規則を守らない方など様々。

とくに元暴力団員の方々への対応は大変でした。

刺青が入っているなど外見も威圧的で、言葉遣いも乱暴。

そんな人が尊大な態度で要求をしてきたら、逃げ出したくなってしまうでしょう。

でも、そんな人であっても私は、学生時代からの正義感の強さもあって、

「だめなものはだめです！」

と、はっきりと意見を述べました。

ヘルパーステーションのルールに反する要求、たとえばおせち料理を作ってほしい、などといったものもありましたが、きっぱりと断りました。

「それは単なるわがままですので、お断りします」

すると、その方々は驚いた様子で、

「初めて業者側からそういうことを言われた。お姉ちゃん、勇気あるねえ」

などと口にしました。

私は毅然とした態度を崩しませんでした。

今も昔も、相手の背景に関わらず、人として対等に向き合うことが大切だと考えているからです。

そういえば、うちの会社のスタッフが訪問先でテレビを壊したというクレームが入ったこともありました。

そのスタッフに聞くと、絶対にテレビには触っていないとのこと。

なので、決して言いなりになったり、へりくだったりすることもせず、

「うちのスタッフが壊したという証拠はどこにありますか？」

と冷静に対応しました。


私が言われるのでしたら、私が対応すればいいだけのこと。

ですが、うちに勤めているスタッフが難癖をつけられてしまうこともありました。

「もうあの方のところには行きたくありません。お手上げです」

とスタッフから泣きつかれたことも何度もあります。

私は、

「そういう大変な方を担当したからこそ、プロとしての成長があるし、この後にどんな難しい方が来ても、全然余裕になるよ！」

と励まし続けました。


このように困難な事例を乗り越えた経験というのは、スタッフ一人ひとりの自信となり、チーム全体の力となるのです。

現在では、どの利用者さんへの対応も余裕を持って行えるようになりました。

このように困難な患者さんを積極的に引き受けたことで、会社は順調に利用者さんの数を増やしていきました。

24時間365日をたった2人で対応

起業当初の私の生活は、昼はネイルの勉強とヘルパーステーション、夜は中洲の飲み屋で働くというもの。

内職ではやはりお金が足りず、再び夜は飲み屋で働き始めたのです。

睡眠時間を削って昼夜問わず働き続ける日々は、体力的にも精神的にもきつかったですが、将来への希望が私を支えていました。

そんな生活を29歳から33歳まで続けていました。

4年間という時間は長いようで短く、振り返ると一瞬だったと感じます。

とくにヘルパーステーションを始めてしばらくは、２４時間３６５日の体制を社員２人とパートさん数名で回していました。

人手不足の中、シフト調整は毎日が戦いでしたが、利用者さんも少しずつ増えてきていましたし、人の命を預かっている以上、経営者としての責任を痛感していました。

夜間帯の対応は主に私が担当していました。

ただ、夜の飲み屋で働いているときに呼び出されると、もう1人の社員にお願いすることもありましたが、基本的には自分で対応しました。

「すみません、急に呼び出してしまって……」

と謝る利用者さんに、

「いいえ、大丈夫ですよ」

と笑顔で答えながら、心臓がバクバクしていたのを覚えています。

そんな中でも、利用者さんの「ありがとう」の一言が、疲れを吹き飛ばしてくれました。

ヘルパーステーションは２４時間３６５日稼働していましたので、子どもたちは、昼は小学校に行っていたり保育園に預けられたりしていたものの、夜は事務所の隣にある家にいて、手の空いているスタッフが面倒を見てくれたりしていました。

「今日も楽しかった？」

とスタッフが子どもたちに聞くと、

「うん！　先生とお友だちと遊んだよ」

と元気に答える声が聞こえてくるのが、私にとっての救いでした。

仕事と家庭の境界線が曖昧になり、ときには子どもたちが事務所に遊びに来ることも。

「お母さん、今日はいつ帰ってくるの？」

と聞かれるたび、

「ごめんね、今日も遅くなるかもしれないの」

と答えなければならないのが辛かった。

それでも子どもたちは、

「わかった。がんばってね」

と言ってくれて、その言葉に何度も励まされました。

また、仕事にいくときに、

「お母さん、いってらっしゃい」

と小さな声で見送ってくれる子どもたちの顔を見るたび、胸が締め付けられる思いでした。それでも、

「ごめんね。でも、ちゃんとご飯作っていくからね」

と笑顔で答えるのが精一杯でした。

子どもたちのために作る食事の時間は、私にとって最も大切な時間でした。

「今日はハンバーグだよ。大好きでしょ?」

などと言いながら急いで料理を作る私を、子どもたちが嬉しそうに見つめていたのを覚えています。

まだまだ手のかかる年齢でしたが、私の状況を理解してくれているようで、2人とも我慢してくれていました。

当時は金銭面での不安が常にありました。

毎月の支払いに追われ、ときにはお金のことが心配になりすぎて、夜も眠れないことがありました。

「こんな生活で本当に大丈夫なのだろうか……」

と自問自答の日々でしたが、子どもたちやスタッフ、利用者さんの笑顔を見るたびに、がんばろうという気持ちが湧いてきたのです。

「お母さん、大好き」

と抱きついてくる子どもたちの姿に、すべてを捧げる覚悟が決まりました。

今振り返ると、あの苦しかった日々が、現在の私を作り上げてくれたのだと感じています。

そして、あの頃を支えてくれた方々への感謝の気持ちは、今も変わることはありません。

31歳で「まりものうどん」オープン

私はヘルパーステーションを起業して1年後に、就労継続支援B型事業所も開業しました。

この挑戦は、私の人生において大きな転換点となりました。

「就労継続支援B型」とは、障がいや難病のある人が利用できる障がい福祉サービスの一つ。

障がいや年齢、体力などの理由から、一般企業などで雇用契約を結んで働くことが難しい方に対して、就労の機会や生産活動の場を提供しています。

この制度は、多くの方々の生活に希望をもたらす素晴らしいものだと私は考えています。

これは単なる福祉サービスではなく、人々の尊厳を守り、社会参加を促進する重要な取り組みだと私は信じています。

就労継続支援B型に通うと、働くために必要な知識や能力向上のための訓練を受けることができるほか、生産活動に対する対価として「工賃」を受け取ることができるのです。

この工賃は金額の多寡に関わらず、利用者さんにとって大きな自信と誇りになっているのを日々感じています。

そして私は31歳のとき、ヘルパーステーションを運営しながら、「まりものうどん」という名前のうどん屋をオープンしました。

この決断は周囲から驚かれましたが、私の中では自然な流れでした。

うどん屋を始めた理由は2つあります。

1つは、就労継続支援B型事業の一環で、障がいのある方に働く場を提供するためです。

介護の世界を知れば知るほど、そういう場がまだまだ少ないなと感じていて、いつかは自分の手でそんな店を作りたいと思っていました。

そしてもう1つの理由は、障がい者や高齢者、そしてその家族みんなが集まれる外食の場を提供したかったからです。

私の経験から、このような場所が地域に必要だと強く感じていたのです。

ある日、

「家族に障がい者や介護の必要な高齢者がいると、なかなか一緒に外食に行けないんです」

と、利用者さんのご家族が話してくれました。

その言葉を聞いたとき、私の胸に込み上げるものがありました。

「周囲の目が気になったり、お店に迷惑をかけるんじゃないかと心配になって……」

この方の言葉も、私がうどん屋を始めた理由でした。

なので、「まりものうどん」では、どなたでも安心して来られる飲食店を目指しました。

オープン当初の「まりものうどん」の従業員は、健常者3名と障がい者数名で、私がメニューやレシピを考えたり、家で出汁を作るなどしていました。

毎日、早朝から出汁を取る作業は大変でしたが、お客様の「おいしい」という言葉を聞くと、疲れも吹き飛びました。

それに加えて、慣れないながらもがんばって働いているスタッフたちの姿も、とても輝いて見えました。

お店は、昼間は500円のワンコインで定食を提供し、行列ができるほどの人気店となりました。

この安すぎる価格設定は、誰もが気軽に来店できるようにという想いからです。

店名についている「まりも」という名前には、特別な意味があります。

まりもというのは、綺麗な水の中でしか育ちません。

この事実は、私たちの仕事の本質を象徴していると考えています。

そんなまりものように、うちのスタッフも心が綺麗でなければならないという意味を込めて選びました。

名前に込めた想いを説明すると、多くのお客様が共感してくださいます。

この理念は、私たちの日々の仕事の指針となっています。

「こういう店がほしかった」という声

また、私が33歳になったころ、「まりものうどん」の店舗を使って、夜は居酒屋として営業することにしました。

これを機に、私はそれまで働いていた居酒屋を辞め、昼はうどん屋とヘルパーステーションで働き、夜も自分の店で働くようになりました。

とはいっても毎日の忙しさに変化はなく、なかなかまとまった睡眠時間をとれない日々ではありましたが、それでも充実感に満ちあふれていました。

居酒屋を作った理由も、うどん屋のときと同じように、障がいのある方が家族にいても、家族そろって安心して入れる居酒屋を提供するためです。

このコンセプトも多くの方に喜んでいただけ、多くの家族が来店してくれました。

ヘルパーステーションの利用者さんがご家族そろって来店し、

「こういう店がほしかったんです。ここなら安心して来られます」

と言われたときは、本当に嬉しかったです。

また、地元の漁師さんなども多く集まり、私は彼らの話を聞くのも楽しみの一つでした。

彼らの人生経験に基づいた話は、私にとって貴重な学びとなったのです。

このころ、私は近所では「まりもさん」と呼ばれるようになっていました。

この愛称で呼ばれることが、地域に受け入れられている証だと感じ、とても嬉しく思いました。

自分で言うのも何ですが、どこにいても地元の人々が私を知っていて、毎日来店するお客さんも多くいました。

この信頼関係は、長年の努力の結果だと自負しています。

1週間すべて予約で埋まることもありました。

予約帳を見るたびに、お客様への感謝の気持ちでいっぱいになりました。


私は昼も夜も休みはほとんどなく、365日ひたすら働いていましたが、少しも苦はありませんでした。

この忙しさの中にこそ、私の生きがいがありました。

「まりもさん、いつもがんばってるね。休む暇もないんじゃない?」

とお客さんに言われることもありました。

このような気遣いの言葉が、私の大きな励みになったのです。

「いえいえ、お客さんの笑顔を見ると元気が出るんです。これが私の生きがいなんですよ」

私は心からそう感じていました。

もっとスタッフが働きやすく、多様な経験ができる店に

「まりものうどん」は2021年、店の業態を「まりもの溶岩とり焼き」に変更しました。

この大きな変更には勇気が必要でしたが、新しい挑戦への期待に胸が躍りました。

店舗が古く、雨漏りがあったため、スタッフが働きやすい飲食店にするために変更したのです。


ちなみに店長は、私の母がやっています。


「まりもの溶岩とり焼き」のスタッフにも障がい者がいます。

彼らの仕事内容は具体的には、接客、肉のグラム数を量る、野菜を切るなど。

多様な仕事を経験できるようにしました。

一人ひとりの能力や興味に合わせて仕事を割り当てることで、やりがいを感じてもらえるよう工夫しています。

また、一般的な焼肉ではなく、溶岩プレートで焼くスタイルに変更し、スタッフが作る手間を減らす工夫をしました。

この新しい調理方法は、お客様にも好評で、店の新しい魅力となりました。

スタッフたちが自信を持って仕事に取り組む姿を見るのが、今の私の最大の喜びです。


とはいえ、お店のオープンはコロナ禍真っ只中で、かなりの影響を受けてしまいましたが、あまり気にせずに運営を続けました。

最初はなかなか集客に苦戦したものの、徐々にお客さんが増えてきました。

お客さんが少ない日も、来てくださった方々に最高のサービスを提供することを心がけました。

今は多くの客が来店し、ありがたいことに繁盛しています。

「まりもさんのお店があるから、この町に活気が出てきたよ」

と、地元の方に言っていただけることが、私の大きな励みになっています。

このような言葉をいただくたびに、地域に貢献できていることを実感し、さらなる努力への動機づけとなっています。

これからも「まりもの溶岩とり焼き」を通じて、多様性を受け入れ、誰もが居心地良く過ごせる場所を提供し続けていきたいと思います。

たまの休みは子どもたちと温泉地へ

私は子育てと仕事の両立に奮闘した日々を、今でも鮮明に覚えています。それは決して平坦な道のりではありませんでしたが、振り返ると笑顔の思い出があふれています。

子どもたちが小さかった頃、たまに休みがとれたときには家族3人でちょっとした旅行に出かけることが多かったです。

福岡から近い佐賀や大分の温泉地が、私たちのお気に入り。温泉につかりながら、子どもたちと過ごす時間は何物にも代えがたい宝物でした。

「ねえ、今日はどこに行く？」

と子どもたちが目を輝かせて聞いてくる姿が、今でも脳裏に焼き付いています。

その瞬間、疲れも吹き飛び、子どもたちとの時間を心から楽しむことができました。

当時は、たとえ短い時間でも、家でゆっくりするよりも子どもたちと外出することを優先していました。

彼らに寂しい思いをさせたくないという気持ちが、常に私の心にあったのです。

公園でのピクニックや、近所の川での水遊びなど、些細な外出でも子どもたちは大喜びでした。


子どもたちは強く育ってくれました。

不登校になることも、問題行動を起こすこともありませんでした。

私の誕生日には、必ず感謝の手紙をくれる子どもたち。

「お母さん、仕事がんばってくれてありがとう」

「早く大きくなって、お母さんを助けるからね」

その言葉に何度励まされたことでしょう。

今でもその手紙は私の宝物です。

辛い日々があっても、その手紙を読み返せば、またがんばろうという気持ちになれました。

子どもが20歳になった今でも、手紙をもらっています。


子どもたちの学校行事には可能な限り参加しましたが、どうしても仕事を外すことができず、最初から最後までずっと見ていることは難しかったです。

運動会では、子どもたちの競技の時間に合わせて駆けつけて声援を送り、終わったらまた仕事に戻ったこともあります。

母として子どもの頑張る姿を見たかったのです。

「お母さん、見てくれてたんだね！」

と喜ぶ子どもたちの顔を見ると、どんなに忙しくても参加して良かったと思いました。

息子たちは野球やピアノを習っていましたが、送り迎えができない私の代わりに従業員が担当してくれました。

彼らの協力なしでは、子どもたちをここまでちゃんと育てることは難しかったでしょう。

「本当にありがとう」と、今でも感謝の気持ちでいっぱいです。

私と同じ道を歩みだした息子たち

朝から深夜まで忙しい日々。

睡眠時間が1時間でも、私のモチベーションは衰えませんでした。

「子どもたちと従業員に、良い母親で良い社長だったと思ってもらいたい」

その一心でがんばってきました。

ときには体力的にきつい日もありましたが、子どもたちの笑顔を思い浮かべれば、どんな困難も乗り越えられました。


私は子どもたちに、自分で決めたことは最後までやり抜く大切さを教えています。

「一度決めたことは、簡単にあきらめちゃダメ」

と、よく言っていました。

この教えは、私自身の人生経験からも得たものです。

「お母さん……、野球をやめたい」

と言ってきた息子に、こう語りかけたことがあります。

「なぜ始めたのか、もう一度考えてみて。本当にやめたいなら理由を教えて。でも、ちょっと大変だからって投げ出すのは許さないよ」

結局、息子は野球を続け、後に「続けて良かった」と笑顔で語ってくれました。


また、我が家には「きつい」「疲れた」などとグチを言わないというルールがあります。

そのおかげで、息子たちは強く育ってくれました。

このルールは、私自身も守っています。

どんなに大変でも、前を向いて進む姿勢を子どもたちに見せ続けました。

今では、長男は大学生になり夜間のアルバイトをしながら、自分の会社を起ち上げるために奔走しています。

次男は高校で介護を学んでいます。

２人とも会社経営と介護という私と同じ道を歩んでいますが、それは彼らが自ら選んだ道。

私は彼らの選択を心から尊重し、応援しています。

「お母さんの背中を見て育ったんだ」と言ってくれる息子たち。

私は本当に幸せ者です。

子どもたちの成長を見ると、これまでの苦労が報われた気がして、胸がいっぱいになります。

税理士から「もう会社を畳んだ方がいい」

実は、私の会社には倒産寸前まで陥ってしまった経験があります。

税理士から厳しい口調で、

「もう会社を畳んだ方がいい」

と言われたのです。

そのときは、雷に打たれたかのような衝撃でした。

それはうどん屋と居酒屋の経営に奮闘していた時期。

毎月約２００万円の赤字が続き、まるで底なし沼にはまったかのようでした。

「どうしてこんなことに……」

と頭を抱えながら原因を探っていくと、高すぎる人件費の支払いが浮かび上がってきました。

給料は介護業界の平均を大きく上回り、しかも経営は赤字にもかかわらず、年に2回のボーナスも支払っていたのです。

「でも、従業員のためだから……」

そう自分に言い聞かせていましたが、現実は厳しかったのです。

「人を減らしなさい、給料を払いすぎです」

税理士の忠告が耳に響きます。

ですが、私は従業員たちの顔を思い浮かべ、こう返答しました。

「従業員をクビにするなんて絶対できないし、会社も本当に潰したくないんです。どうにかなりませんか……」

必死の思いで、税理士に懇願しました。

税理士は首を横に振り、

「いや、早くにやめた方がいい」

と厳しい言葉を投げかけてきました。

その瞬間、私の中で何かが燃え上がりました。

「絶対にあきらめない」

そう心に誓ったのです。


当時は、銀行はもちろん、消費者金融からも借り入れを行っていました。

従業員たちに支払わなければならない給料分のお金をかき集めていたのです。

もちろん、自分の給料なんて一切払ったりしません。

毎日のように金融機関を回り、資金繰りに奔走する日々。

「どこからお金を持ってきているのか？」

税理士からの鋭い質問に私は、

「知り合いのお金持ちから借りました」

などと適当に答えていました。

私は従業員たちを守るために必死だったのです。

それでもいよいよ借金の返済が困難になり、「これは本当に本格的にやばいな……」と思い、私は一つの決断をしました。

人を減らしたり、給料を減額したりはせずに、とにかく営業をたくさんこなし、売り上げを増やす方法を選択したのです。

普通の会社なら経費削減やコストカットをするところを、私は「稼げばいい」という道を選びました。

「みんなで力を合わせれば、必ず道は開ける」

そう信じて、新たな挑戦を始めたのです。

営業活動では、役所に足を運び、福祉課の担当者と信頼関係を築きました。

毎日のように通い詰め、ときにはあきれられることもありました。

しかし、あきらめずに足を運び続けました。

会社を立ち上げたばかりのころのように、

「困難な症例の方々も、私たちで受け入れさせていただきます」

そう伝えることで、役所からの信頼を得ることができました。

最初は戸惑いの表情だった担当者も、次第に私たちの熱意を理解してくれるようになりました。

なかなか大変な日々でしたが、どうにかしてすべての借金を返済することができました。

「なぜそこまで事業に熱心なのですか？」

そう聞かれることがあります。

その答えの一つは、従業員たちの喜ぶ顔を見ることが私のモチベーションだったからです。

彼らの笑顔が、私にとっての最高の報酬なのです。

介護職は給料が安いというのを打破したい

「給料を下げればそんなに苦労をしなかったのでは?」と思った人もいるかもしれません。

たしかにそれが一番手っ取り早い方法でした。

ですが、私はそれだけはどうしても嫌だったのです。

介護職は給料が少ないというイメージがあり、私はそのイメージを打破したいと考えています。

「介護の仕事は、社会にとって本当に大切な仕事。だからこそ、それに見合った対価を支払うべき」

そんな想いで、会社を起ち上げたときから従業員の待遇改善に取り組んできました。

現在、うちの会社では従業員には毎月30～40万円を支給しています。

これは業界平均をはるかに上回る金額です。

新入社員でも最低20万円からスタート。

先日入社した18歳の男の子も、もちろん例外ではありません。

「こんなに給料をもらえるなんて……」

彼の驚いた表情を見て、私は心の中でガッツポーズをしました。

ボーナスも年2回支給し、福利厚生もしっかりと整えています。

「従業員が安心して働ける環境づくり」

それが私の経営理念の一つです。


それと、こんな謎のシステムも導入しています。

「従業員とコンビニで会ったら、その子が買おうとしているものは全部私が買ってあげる」

笑い話のようですが、本当です。

「あ、社長！　会っちゃいましたね」

コンビニで従業員に会うたびに、私の財布はちょっと軽くなります。

でも、その笑顔を見ると、疲れも吹き飛びます。

「社長のおかげで、今日の夕食が豪華になりました」

そんな言葉を聞くと、幸せな気分になります。


人を大切にする経営。

それが私の信念であり、これからも守り続けていきたいと思っています。

第3章

障がい者も家族も楽しめるライブハウスintro.設立

歌のうまい先輩がプロミュージシャンに

ROCK WELFARE

2023年の2月、友人から、「サチ(私)に会ってほしい人がいるんだけど」と言われ、私は好奇心で会ってみることにしました。

指定された場所は、博多の繁華街にある小さな居酒屋。

ドアを開けて中に入ると、カウンター席に座っている後ろ姿が妙に懐かしく感じられました。

その人物が振り向いた瞬間、私は驚きのあまり言葉を失いました。

「え？　藤本先輩？」

私は思わず声を上げました。

そこにいたのは、高校時代に何度かカラオケに一緒に行った藤本成史先輩だったのです。

「久しぶり！　サチも変わってないな」

藤本先輩は温かい笑顔で迎えてくれました。

高校以来の再会に、私は大きな驚きを隠せませんでした。

「先輩こそ変わってないね。でも、まさかここで会えるなんて……」

先輩とは20代の頃に一度電話で話したきりで、実際に会うのは本当に久しぶり。ちなみに、先輩なのにタメ語で話しています。

この偶然の再会が、私たちを再びつなげる運命の始まりでした。


「サチは元気にしてた？　仕事は何してるの？」

「今は会社を起ち上げて介護の仕事をしてるよ。先輩はどうしてたの？」

話を聞くと、先輩は2009年に村田仁志さんと「チキンナゲッツ」というアコースティック・ロックユニットを結成し、プロのミュージシャンになっていたのです。

「プロのミュージシャン！　すごい！　どんな音楽をやっているの？」

「『花束』っていう曲がちょっと有名なんだけど、知ってる？」

先輩は少し照れくさそうに尋ねてきました。

その瞬間、私の頭の中で何かがカチッとつながった気がしました。

「ええ！　『花束』？　よく聴いてる！　まさか、それが先輩の曲だったなんて！」

『花束』は、コロナ禍の中で、医療従事者をはじめとしたエッセンシャルワーカーによって大勢の日常が守られていることを知った先輩が、そんな方々に向けて感謝の気持ちを込めて作ったという曲。

私も介護の仕事をしている中で、その曲にとても勇気づけられ、好んでよく聴いていたのです。

「介護の現場で働いている私たちにとって、本当に心強い曲で大好きな曲よ」

私は心からの感謝を込めて伝えました。

直接的なつながりがなくても、音楽が人々をつなげる力を目の当たりにし、私は感動しました。

「音楽って本当にすごい。知らないところでこんなふうにつながっていたなんて」

久しぶりの再会で、お互い変わっていない様子に安心し、まるで高校生に戻ったかのような楽しい時間を過ごしました。

「そういえば、高校のときによく一緒にカラオケに行ったよな」

と先輩が懐かしそうに言いました。

「そうだったね！　先輩の歌がすごくうまくて、みんな驚いていたけど、まさか本当にプロになっちゃうなんて」

その日は夜遅くまで話し込み、昔話に花を咲かせました。

先輩からの突拍子もない提案

数日後、先輩から思いがけない連絡が入りました。

「ちょっと突拍子もない話なんだけど……サチの会社でライブハウスを買わないか？」

そんな驚きの提案でした。

「え？　ライブハウス？　どういうこと？」

私は戸惑いながら聞き返しました。先輩は、

「知り合いのライブハウスのオーナーがコロナの打撃を受けちゃって、もう閉店を考えていて、もしほしい人がいたら譲りたいって言ってるんだ」

と説明してくれました。

「突然で困ると思うけど、一応見るだけ見てみない？　もしかしたら、何かいいアイデアが浮かぶかもしれないし」

という先輩の言葉に私は、

「とにかく一度、見に行かせて！」

と即答しました。

実はそのころ、都会にもう一つ、お店を持ちたいと考えていたところだったのです。誰もが安心して食事ができる店「まりもの溶岩とり焼き」は作っていたものの、障がい者やその家族たちがエンターテインメントを楽しめる場所も作りたいと以前から思っていました。

それに加えて、ライブハウスだったら、障がいのある子どもたちやその親たちも楽しめるイベントを企画し、みんなで楽しむことだってできるかもしれない。

先輩からの思いもよらない申し出でしたが、まったくありえない話ではなかったのです。

ROCK WELFARE

「物語の始まりをつくる場所intro.」オープン

ライブハウスを見に行った当日。

まだ外観を見ただけでしたが、私は直感的に「ここしかない！」と思いました。

「博多駅から徒歩3分って立地が最高！」

私は興奮気味に言いました。

「そうだろ？　この立地はライブハウスとして本当に魅力的だよ」

と先輩も同意してくれました。

地下1階に降りて店の中に入った瞬間、まるで別世界に来たかのような雰囲気に魅了されました。

ステージ、照明、音響設備……すべてが本格的で、ミュージシャンたちが熱演を繰り広げる姿が目に浮かんできます。

また、うちの利用者さんとそのご家族たちが、お客さんとして演奏を楽しんでいる様子もハッキリと想像できたのです。

「先輩、決めた！　このライブハウスを買うよ！」

とはいえ、私にはライブハウスについての知識などはまったくありません。

なので、私の役目は資金面の援助だけにして、内装や音響設備といった他のすべては先輩に任せました。

3月24日に見学し、その日のうちにライブハウスを買い取ることを決意。

迅速に手続きを進め、改装工事を行い、2023年6月1日にオープンにこぎつけました。

約2ヶ月という短期間での開業に先輩は、

「こんなにスピードの速い人を初めて見た。サチのパワーには本当に驚かされる」

と感心していました。

このライブハウスの名前は「物語の始まりをつくる場所」という意味で「intro.（イントロドット）」。

先輩がつけた名前で、チキンナゲッツがintro.をプロデュースしています。

【日々の生活にリズムと気分の高まりを。
イントロのように心躍る始まりの予感を。
場を分かつすべての人に愛と音楽と心地よさを。
それぞれの物語を創出する場を提供します。】

というコンセプトです。

こうして誕生した「intro.」は、音楽の力で人々をつなぐ新たな舞台となりました。

オープン初日、私たちは緊張と期待に胸を躍らせながら、お客様を迎え入れました。

「いらっしゃいませ！　intro.へようこそ！」

と笑顔で挨拶をする中、うちの利用者さんやその家族の姿も見られ、私の心は喜びで満たされました。

その日はチキンナゲッツによるオープニングライブが行われ、会場は熱気に包まれました。

『花束』が演奏されると、会場全体が一つになったような一体感を感じ、私は思わず涙ぐんでしまいました。

音楽の持つ力、人々をつなげる力を、この場所で実感できたのです。

これからこの「intro.」で、様々な人々が出会い、音楽を通じて心を通わせ、新しい可能性が生まれていく。

そう思うと、胸が高鳴りました。

偶然の再会から始まったこの物語が、多くの人々の人生に彩りを添える、新しい物語の始まりになることを、私は確信しています。

ピピピとワハハ

私は、音楽の持つ力を日々感じています。

その力は、人々の心を動かし、癒し、そしてときには人生を変えるほどの影響力を持っています。

チキンナゲッツの曲『ピピピとワハハ』は、その力を如実に表す作品です。

この曲は家族愛を表現しています。

その歌詞と旋律は、聴く人の心に直接訴えかけ、多くの人々の共感を得ています。

歌詞は、医療的ケアを必要とする姉を持つ妹の作文をもとに制作されていて、私はこの曲を聴くと毎回、心に深い感動を呼び起こされるのです。

「ピピピ」という人工呼吸器の音と「ワハハ」という家族の笑い声が、曲のタイトルに込められていて、このタイトルだけでも、病気と闘いながらも笑顔を忘れない家族の姿が想像できることでしょう。

この曲は、困難な状況下でも希望を持ち続けることの大切さを私に改めて教えてくれました。

この曲の素晴らしさを多くの人に知ってほしいと思っています。

先日、チキンナゲッツがintro.でこの曲を演奏したときのこと。

子どもがいるくらいの年齢の女性が、客席で涙を流している姿を目にしました。

その女性の表情には、曲に深く共感している様子が表れていました。

音楽は言葉を超えて、人々の心に直接訴えかける力を持っています。

それはときに涙を誘い、ときに笑顔をもたらします。

だからこそ、介護が必要な方や障がいのある方、そしてそのご家族も、一緒にライブハウスに来て、エンターテインメントを楽しむことが大切だと、私は強く思います。

音楽は、すべての人に平等に楽しむ権利があるものだと信じています。

音楽は人々に癒しと活力を与えるのです。

それは、日常から離れ、心を解放させる特別な時間を私たちにプレゼントしてくれるのです。

また、先日もライブ後、

「生きていてよかった」

と私に言ってきてくれた方がいました。

この言葉は、音楽の持つ力の証明だと思います。

音楽が生きる力や喜びを与えられるのは、本当に素晴らしいこと。

介護が必要だったり、障がいがあったりするだけで、エンターテインメントの場に行きづらいと感じている方々やそのご家族にも、楽しい時間を過ごしてほしいのです。

音楽は、障がいの有無に関係なく、すべての人の心に響くものだからです。

最近、intro. への視察や問い合わせが増えています。

これは、多様性を尊重し、誰もが楽しめる場所を求める声が高まっていることの表れだと感じています。

「何人収容できますか?」「車椅子でも入れますか?」といった質問をよくいただきます。

こうした質問は、より多くの人々がライブを楽しみたいと思っている証拠だと嬉しく思います。

もちろん、車椅子での利用も可能です。

私たちは、すべてのお客様に快適に過ごしていただけるよう、最大限の努力をしています。

地下に降りる階段もありますが、スタッフが抱えてお手伝いいたします。

また、ライブハウスのトイレは狭いイメージがあるかもしれませんが、intro. のトイレは広々としているので、車椅子でも安心してご利用いただけます。

施設のバリアフリー化は、私たちの重要な使命の一つです。

オープンからやっと1年経ったくらいなので、まずはintro.の基盤をしっかり固めたいと考えています。

一つ一つの課題に丁寧に取り組み、より多くの人々に愛されるライブハウスを目指しています。

将来的には別の場所での2号店、3号店の展開も視野に入れていますが、今はintro.に全力を注いでいます。

ここでの経験を糧に、さらに多くの人々に音楽の素晴らしさを届けられるよう努力を重ねていきます。

音楽の力で、多くの人々に希望と笑顔を届けられる日を夢見ています。

その日が来るまで、私たちは音楽を通じて、人々の心に寄り添い続けていきたいと思います。

これが私の新しい夢

私は42歳になりました。

29歳で会社を立ち上げてから13年が経ちます。

朝、施設に到着すると、若い従業員たちが元気に挨拶をしてくれます。

「おはようございます！　今日もがんばります！」

その明るい声に、私は毎日元気をもらっています。


私が29歳で独立したときは、従業員の平均年齢は私と同じくらいでした。

今も施設の平均年齢は30歳ですが、私はかなり年長の部類に入っています。

この業界は50、60代のスタッフが多いので、うちの施設は若い世代が多いといえます。

けれど、もっと若い世代も採用したいと考えています。

その一環として、新卒採用を始めることにしました。

私は、福祉の仕事は人の人生に寄り添う、とてもやりがいのある仕事だと感じています。若い世代にもこの仕事の魅力を知ってほしいのです。

とはいえ、新卒採用をやってみて気づくこともあります。

たとえば、若者とのコミュニケーションには年齢差を感じることも多々あります。

彼らは、「ガチですか」などの若者特有の言葉を使いますが、やはり利用者さんには高齢の方も多いので、

「その言葉はダメ。本当ですか、でしょ」

というふうに直すように指導しています。

彼らは素直に受け入れてくれます。

イントネーションや話し方の違いを感じることもあるものの、それも成長の一環として受け入れています。


また､彼らの新鮮な視点やエネルギーは､施設に新しい風を吹き込んでくれています。

「SNSを使って、もっと福祉の魅力を発信できないでしょうか?」

ある日、若手スタッフからそんな提案がありました。

「それはいいアイデアね。一緒に考えてみましょう」

私たちは、世代を超えてアイデアを出し合います。

「将来は施設長になりたいです!」

そう意気込む2003年生まれのスタッフもいます。

彼らの情熱を見ていると、自分の若い頃を思い出します。

利用者さんとその家族が一緒に住める場所を作りたい。

これが私の新しい夢です。

以前、富山県の施設で高齢者と障がい者が共生する様子を見学したことがあります。車椅子の方と認知症の方が一緒に生活するのは難しいように思われるかもしれません。たしかに課題はありますが、同時に可能性も感じました。まだまだ先は険しいですし、金銭面での困難もあるでしょう。けれど、あきらめずにいればきっと叶うと信じ、スタッフたちと一緒に解決策を模索しています。

これからも、世代を超えて学び合い、成長し合える環境を作っていきたいと思います。
「みんなで力を合わせれば、きっと素晴らしい施設ができるはずです」
私はスタッフたちにそう呼びかけます。
そして、福祉の楽しさと可能性を、もっと多くの人に伝えていきたいと考えています。
若い世代と共に歩み、新しい福祉のかたちを作り上げていく。
それが、私たちの施設の未来への道筋なのです。

エンタメの力で、人々をつなぎ、笑顔を広める

intro. のある博多駅前の立地は非常に良く、多くの人々が行き交う活気あふれる場所です。

昨年6月にオープンして以来、予想を上回る多くのお客様にご来店いただき、大変嬉しく思っています。

intro. の従業員は経験豊富で優秀な人ばかりで、彼らの努力と熱意のおかげで、損益分岐点まで予想以上に早く到達することができました。

この地の活気と人々の温かい支援が、私たちの成功を大きく後押ししてくれたのだと心から感じています。

intro.の収容人数は、スタンディングで100名、座席スタイルだと60名。

この規模感は、アーティストと観客の距離が近く、熱気あふれる空間を作り出すのに最適だと考えています。

チキンナゲッツも月に1回程度、intro.でライブイベントを開催しています。

彼らが出演する際には、毎回のように満員御礼となることが多く、チケットの売れ行きも非常に好調。

彼らのパフォーマンスはいつもエネルギッシュで、観客を魅了し、会場全体が一体となって盛り上がります。

彼らのファンの方々も非常に熱心で、遠方からわざわざ足を運んでくださる方も多くいらっしゃいます。

天神エリアには多くのライブハウスが集中していますが、博多エリアにはそれほど多くありません。

そのため、intro. は様々なジャンルの音楽を楽しめる貴重な空間として、幅広い世代のアーティストにご利用、ご出演いただいています。

若手の新人アーティストから、ベテランの実力派まで、多様な才能が集まる場所となっているのです。

さらに最近では、知名度のある有名アーティストもライブを行うことが増えてきており、これは私たちにとって大きな喜びであり、誇りでもあります。

こうした流れによって、福岡の音楽シーンもますます活気づき、文化的な豊かさが増していると感じています。

さらに、音楽以外のジャンルでも intro. は活用されています。

お笑い芸人さんたちも使用するようになり、吉本興業の芸人さんによる単独ライブやお笑いイベントにも使われることが増えてきました。

これによって音楽ファンだけでなく、お笑いファンの方々にも足を運んでいただけるようになり、より多様な層のお客様にご利用いただけるようになりました。

ライブハウスの認知度も徐々に上がってきており、数カ月先までご利用予約が入っていることも大変嬉しく思います。

お客様からのフィードバックも非常に好評で、設備や音響、スタッフの対応などについて、たくさんの温かいお言葉をいただいています。

これからもお客様のニーズに応えながら、ますます多くの魅力的なイベントを開催していきたいと考えています。

基本的にオーナーである私は、日々の運営においてはスタッフを信頼し、ほとんど何もしませんが、施設利用者さんによるカラオケバトルなどの特別なイベントの際には、積極的に顔を出すようにしています。

そのときは裏方として手伝いや片付け、雑用など、何でも率先してやるようにしています。

私は会社の椅子に座っているよりも、現場に出て、お客様と直接交流することが大好きで、ここはお客様の生の声を聞くことができる貴重な場所なのです。

また、スタッフたちの働く姿を直接見ることもできて、彼らの努力に感謝の気持ちを伝える場にもなっています。

今後は、社会貢献活動の一環として、障がい者が出演するダンスイベントなども企画しています。

このイベントは、音楽とダンスの力を通じて、障がいのある方々に自己表現と楽しみの場を提供することを目的としています。

今後もこういったイベントを定期的に開催し、さらに充実させていこうとスタッフ一同で話し合っています。

音楽やエンターテインメントの力で、人々をつなぎ、笑顔を広げていくことも、会社として続けていきたいことです。

最終章

子育てと仕事、シングルマザー、介護・福祉への想い

ROCK WELFARE

自立したかっこいい女性でい続けたい

最終章となる本章では、子育てと仕事、働く女性、シングルマザー、福祉などに対する私の想いをお伝えいたします。

「自立」という言葉を聞いて、どんなイメージを持ちますか?

難しそう、大変そう、と思う方もいるかもしれません。

ですが、自立は、自分らしく生きるための大切な力だと私は思います。

私は昔から、自立したかっこいい女性でい続けたいという想いがあります。

それは単に外見的な美しさではなく、内面の強さや自信を指しています。

同性から「かっこいい」と言われることが一番嬉しいです。

それは私の生き方が誰かの励みになっているという証だからです。

最近は、そう言ってくださる女性が増えてきました。

自分よりも若い世代の女性たちが、自分の可能性を信じて挑戦する姿を見るのは本当に嬉しいことです。


以前、若い女性から、どうしたら自立した女性になれるのか、アドバイスを求められたことがあります。

私は、「頼れる人がいる、いないにかかわらず、『頼れる人はいない』と自分に言い聞かせることが大切です」と答えました。

これは、孤独になれということではありません。

私自身、もしもこの先再婚したとしても、パートナーに甘えたりはせず、一生自立した女性でいようと決めています。

今、多少経済的に余裕ができたから、このように思っているわけではありません。

20代で結婚していたときも、元夫には絶対に依存せずに自立を心がけていました。それはときに孤独を感じる道でもありましたが、自分の強さを信じ続けることで乗り越えてきました。

育休を取っている間もずっと内職をしていたのは、元夫に頼りたくなかったという理由もあるのです。

それに、「夫に何かあったときに備えて準備する」というと聞こえは悪いかもしれませんが、彼が困ったときに私が助けてあげたいという気持ちも強かったのです。

当時は周囲から、

「子育てが大変でしょ。そんなに無理して働かなくたっていいのに……」

と何度も言われました。

ですが、私にとってはそれが自然な選択だったのです。

女性だって何でもできることを証明したい

働く女性にとくに多いのが、「子育てと仕事の両立は難しい」と考え、どちらか、ほとんどは仕事をあきらめてしまうこと。

育児や家事に追われ、自分の夢やキャリアアップを後回しにしてしまう方も少なくありません。

けれど私は、子どもがいても会社を立ち上げ、倒産の危機も何回も迎えながらもどうにか乗り越え、今も夢を追い求めています。

それは決して楽な道のりではありませんでしたが、私にとっては唯一の選択肢でした。

私の若い頃は、男性のほうが優位な社会というイメージが強く、女性が活躍できる場は限られており、多くの壁がありました。

だからこそ、どんなことでも「女性だって何でもできるんだぞ」というところを見せたかったのです。

それは単なる反抗心ではなく、平等な社会を作りたいという強い願いでした。

この考え方は、九州の男尊女卑の強いイメージに影響を受けているかもしれません。

私の育った環境では、女性が自己主張することはあまり良しとされませんでした。

多くの女性は、その中で甘んじて受け入れているというイメージがありました。


けれど、私はそれを受け入れることができませんでした。

なぜなら、男も女も同じ人間だと強く感じていたからです。

なので、男にばかり負担をかけるのも違うと考えています。

それは男性にとっても不公平であり、真の意味での平等とは言えません。

男女差別が問題になっている世の中ですが、私はもともと対等に見てもらいたいという考えを持っていました。

単に権利を主張するということではなく、互いの個性や能力を認め合う社会を目指すということです。

仕事の面では、男性と女性が対等であることが強く求められるべきだと思っています。

能力や実績で評価される社会こそが、真に公平な社会だと信じています。

子育てと仕事の両立をしやすい会社を作りたい

働く母、シングルマザーにとって、とくに子どもが病気になったときや、近くに頼れる親類がいないときの苦労は計り知れません。

「子どもの具合が悪いからそばについてあげていたいのに、仕事を休めない……。子どもを幸せにしたくて仕事をしているのに……」

きっとこのようなジレンマに苦しんだ経験のある人も多いのではないでしょうか。

私自身も、離婚後は実家に頼れず、子どもが風邪気味でも保育園に預けざるを得なかったことが何度もあります。

そのときの気持ちは今でも忘れられません。

私もそんな経験があるからこそ、うちの会社の従業員にはできる限りのサポートをしています。

たとえば、まだスタッフの子どもが小さかったころ。

私は時々、保育園にその子らのお迎えに行っていました。

とはいっても、べつに特別だとは思っていません。

同じ子育て中の仲間なのだから、助け合うのは当たり前のことでした。


今は、子育てと仕事の両立をもっと楽にできないだろうかと考え、会社として子育て中のスタッフが行事に参加しやすい環境を整えています。

勤務時間中であっても、子どもの学校の行事に参加できるよう、それも仕事の一環としているのです。

これによってスタッフは、子どもの参観日やマラソン大会などのイベントにも、後ろめたい想いをしたり、気兼ねしたりすることなく参加できます。

子育てしながら働くスタッフが多い職場だからこそ、このような取り組みはとくに重要だと考えています。

さらに、私自身がスタッフの子どもの運動会に参加するなどして、子どもたちとも仲良くしています。

先日は、
「社長さん、今度マラソン大会があるから、私の応援に来てよ！」
と、スタッフの子どもから直接連絡が来ました。

私も、スタッフの子どもたちと一緒にイベントに参加することを心から楽しみにしています。

子どもたちのがんばっている姿を見ると、私まで元気をもらえるのです。

一般的な会社とは違うかもしれませんが、子育てと仕事を両立しやすい職場環境を目指しています。

「この会社で働けて本当に良かった」
というスタッフの声を聞くたびに、私は胸が熱くなります。

私たちの職場が、働く親にとって少しでも安心できる場所であることを願っています。

子どもを育てながらでも、安心して働ける環境を作ること。

それが私の目標であり、使命だと考えています。

この取り組みが、少しでも社会に広がっていけばいいなと思っています。

「一人でも多くの親が、仕事と子育ての両立に悩まなくて済むように」

そんな想いを胸に、これからも会社運営に取り組んでいきたいと考えています。

これまでの恩を返すときがようやく来た

ROCK WELFARE

働く母親にとって、とくにシングルマザーにとって、子育てと自己実現の両立は確かに大変です。

ときには、「これ以上はもう無理……」と感じる日もあるでしょう。

でも、そんなときこそ発想の転換が必要なのです。


「子どもを優先する」

のではなく、

「自分のやりたいことに向けて子どもをどう育てるか」

と考えるのです。

この考え方は、最初は自分勝手に聞こえるかもしれません。

ですが、母親が自分の夢をあきらめずに生き生きと輝いている姿は、子どもにとって最高のロールモデルになると私は思っています。

まだ子どもが小さかったころ、私は大切な出張の機会に直面しました。

問題は、出張先が遠く、泊りがけにせざるを得なかったこと。

「子どもたちをどうしよう……やっぱりシングルマザーに仕事は無理なの……？」

そうあきらめかけたとき、ふと同級生の友人の顔が浮かびました。

「急なお願いなんだけど……」

と電話をかけると、友人は快く引き受けてくれたのです。

この経験から、周りの人に協力を求めることの大切さを学びました。

一人で抱え込まず、助けを求める勇気を持つことが、シングルマザーにとって重要なのです。

もちろん、助けてもらった分は必ず返すという気持ちも大切です。

恩を返すことは単なる義務ではなく、人と人とのつながりを深める素晴らしい機会でもあります。

ちなみに私は今、その同級生の友人の仕事を様々な形で支援しています。

営業のサポートをしたり、フランチャイズを紹介したり、ときには顧客として協力したり。

「先日あんたが紹介してくれたクライアント、大口の契約が取れたわ！」

と友人から報告を受けたときは、本当に嬉しかったです。

友人は「ありがとう」と言ってくれますが、私はまだまだ恩返しが足りないと感じています。

思い返すと、私はこれまで誰よりも多くの人に支えられてきました。

そして今、会社も軌道に乗り、これまで受けた恩を返すときが来たと実感しています。

「困ったときはお互い様」という言葉がありますが、私はこの言葉を心から実感しています。

今度は私が、誰かの夢を支える側に回れるようになったのです。

私は、受けた恩は決して忘れず、常に倍返しの気持ちで接しています。

この姿勢が、周りの人との信頼関係をより強固なものにしているのだと感じています。

シングルマザーの方も、周りの助けを借りながら、自分の夢に向かって進んでいきましょう。

一人でがんばりすぎる必要はありません。

ときには助けを求め、ときには人を助ける。

そんな相互扶助の輪の中で、私たちは自分らしく生きていけるのではないでしょうか。

ROCK WELFARE

子どもがいるからこそ、うまくいく

「子どもがいるからこそ、うまくいく」
私はみなさんに、こう思ってほしいと考えています。

子育て中の女性の方は、こんな想いを抱いたことはありませんか？

「子どもがいるから、キャリアをあきらめなければ……」
「仕事と育児の両立なんて、到底無理かもしれない……」
「子どものために自分の夢は後回しにしなければ……」

そんな考えは今すぐ捨ててください。

なぜなら、それは大きな間違いだからです。

子どもの存在は、決してキャリアの妨げにはなりません。

むしろ、子どもこそが私たちの成功への大きな原動力になるのです。


子育ての期間は、人生のほんの一部にすぎません。

けれど、その短い期間をどう過ごすかで、親にとってもその後の人生が大きく変わるのだと感じています。


「子どもがいるからあきらめる」

のではなく、

「子どもがいるからこそ、うまくいくチャンスなんだ」

と捉え直してみましょう。

子どもの存在は、親に驚くべきパワーを与えてくれます。そのパワーを活かせば、想像もつかないほどの成長と成功を手に入れることができるのです。

私自身、幼い頃から母の姿を見て育ちました。母が好きなことに夢中になっている姿は、とても生き生きとしていて魅力的でした。「お母さん、すごいな。私も大人になったら、お母さんみたいになりたい」そんな風に思いながら成長してきました。

だからこそ、私も自分の子どもたちに、キラキラと輝く母親の姿を見せたいと思うのです。

それが、子どもたちの未来にも良い影響を与えると信じているからです。

子どもも従業員も等しく大切な存在

とはいえ、正直に申し上げますと、これまでの経験の中で、子どものいる母であることがマイナスに働くと感じたこともありました。

とくにまだ子どもが小さかった頃は、「小さな子もいる母親なのに」という目で見られることが少なくありませんでした。

「子どもをほったらかしにして、仕事ばかりして……子どもがかわいそう」
「母親なのに、家庭をもっと大切にすべきじゃないの？」

そんな言葉を投げかけられることもありました。

その度に、胸が痛み、自分の選択は間違っていたのかと悩んだこともあります。

そんなとき、私はこう反論することにしました。

「子どもと従業員は私にとっては同じ存在です。子どもが2人いるか、50人いるかの差だけです」

子どもに対する愛情と同じくらいの愛情を、従業員にも持っているのです。

どちらも大切な存在であり、どちらも私の「家族」であり、だれも路頭に迷わせるわけにはいかないのです。

この考え方は、多くの人には理解されにくいかもしれません。

でも、私はこの信念を貫いてきました。

そして、ときが経つにつれ、周りの理解も少しずつ得られるようになってきました。

「あなたの姿を見て、私もがんばろうと思えた」

「子育てしながらキャリアを築ける希望が持てた」

そんな言葉をかけてもらえるようになったのです。

子どもたちからも、

「お母さん、がんばってね」

などと言葉をかけてもらえたときは、涙が出るほど嬉しかったです。


会社を起ち上げたころは、子ども2人が高校を卒業するまでは会社を絶対につぶさないでがんばろうと思って、毎日必死でした。

そして今、下の子も高校をもうすぐ卒業します。

少し前までは、会社を誰かに引き継いでもらい、悠々自適に旅行三昧の日々を過ごすのもありだなと思っていました。

けれど最近は、ライブハウスintro.も新たに始めましたし、従業員の子どもたちも我が子のように大切に思えてしまい、彼らが高校を卒業するまでは会社をつぶせないと感じています。

「社長、うちの子どもたちの将来もよろしくお願いします」

従業員からそう言われたときは、大きな責任を感じると同時に、深い喜びも感じました。

これからも会社を続け、従業員とその家族を支えていく。

そんな覚悟ができたのも、母親であり、経営者であるからこそなのです。

できないところではなく、できているところを見つける

親御さんに伝えたいメッセージがあります。

「お子さんの可能性を潰さないでください」
「最初から『できない』と決めつけないでください」

あるお母さんから、こんな相談を受けたことがあります。

「うちの子は本当にダメなんです。何をやってもうまくいかなくて……」

私は答えました。

「お子さんの『できない』ところばかりを探すのではなく、『できている』ことを見つけてみませんか？」

最初から否定的な思い込みを持たないことが大切なのです。

今もそうなのですが、幼いころの私は勉強が得意ではありませんでした。けれど、母は勉強以外をよく褒めてくれ、私はその分野で自信を持つことができました。

「お母さん、私の絵、どう？」

と幼い頃の私が尋ねると、母は笑顔で答えました。

「すごい上手だね！　色使いがとてもきれいよ」

とくに、母が絵を褒めてくれたことで絵を書くことが楽しくなり、自信を持てるようになりました。

褒められることで、さらに楽しさを感じられるようになり、自信が持てたと感じています。

母の褒め言葉は、私にとって大きな自信につながりました。

そして、その自信が私を支え、様々な挑戦を乗り越える力となったのです。

できるところを認めてもらえることで、誰もが自信を持ち、前向きになれると考えています。


母が私にしてくれたように、私は息子に対しても同じことをしています。

小学生のときから息子のいいところ、尊敬できる部分を具体的に伝えてきました。

「君の継続力には本当に感心するよ。私が持っていないやり遂げる力を持っているね」

私は飽きっぽい性格なので、なおさら本気でそう思います。


また、息子たちは感情のコントロールも上手く、常に冷静であるところも尊敬しています。

「どんな困難な状況でも、冷静に対応できるその姿勢は素晴らしいよ」

このように具体的に褒めることで、息子たちは自分の長所を認識し、それをもっと伸ばしていくことができると感じています。

息子たちは2人とも気分のムラがなく、常にポジティブに考える姿勢があります。失敗をポジティブに捉え、それをどう活かすかを考えるところも素晴らしいです。

「失敗したって大丈夫。そこから何を学べたか、それが大切なんだよ」

このような言葉かけを通じて、息子たちは失敗を恐れずに挑戦する勇気を身につけました。

これは大人にも当てはまることで、私は従業員や利用者さんに対してもいいところを意識して伝えるように心がけています。

「Aさん、今日の利用者さんへの対応、とても丁寧でしたね。あなたの優しさが伝わってきました」

「Bさん、今日の体操、とてもがんばっていましたね。少しずつですが、確実に上達していますよ」

このような褒め言葉は、相手の自信につながり、さらなる成長を促したり、相手の表情が明るくなったりして、自己成長を遂げることができると信じています。

自信を持つことが重要であり、根拠のない自信でも意味があると思っています。

なぜなら、自信は行動を生み、行動は結果を生むからです。


褒めることの力は無限大。

どんな人にも、必ずいいところ、光る部分があります。

それを見つけ出し、伸ばしていきましょう。

私たち一人ひとりが、他者の良いところを見つけ、認め合うことで、世界はもっと明るく、そして温かいものになるでしょう。


そして、そのような世界では、誰もが自分の可能性を最大限に発揮できるのです。

褒めることは、単なる言葉のやりとりではありません。

それは、相手の存在を認め、尊重する行為なのです。

私たちが互いを認め合い、支え合うことで、より豊かな人間関係を築くことができます。

そして、その豊かな関係性が、私たちの社会をより良いものへと変えていく力となるのです。

「待つ」ことが積極的な支援につながる

私は、介護の現場で「待つ介護」の重要性を日々、強く感じています。

「失敗してもいい」というのが、私の基本的な考え方です。

この考えは、介護の質を大きく変える可能性を秘めていると信じています。

ある日、私の経営する飲食店「まりもの溶岩とり焼き」で、興味深いでき事がありました。

健常者のスタッフが、

「Cさん（障がいのある店員）にお皿を運ばせるのは危ないから、私がやります」

と言ったのです。

私は思わず尋ねました。

「何をもって危ないと言っているの？」

そのスタッフは少し戸惑いながら答えました。

「でも、もし落としたら……」

私は優しく説明しました。

「たしかに落とすかもしれない。でも、それも成長の機会なんです」

障がいのあるCさんにお皿を運んでもらうことは、決して危険なことではありません。むしろ、そういった機会を奪ってしまうことこそが、真の危険なのではないでしょうか。

私はこのように、失敗を恐れて先回りして介助するのが当然とされる風潮に違和感を覚えます。

なぜなら、この風潮は、利用者さんの可能性を制限してしまう恐れがあるのです。

私は「待つ介護」という言葉をよく使いますが、これは利用者さんが自分でできることなら時間がかかってもやってもらい、こちらはなるべく手を出さずに待つという意味です。

たとえば、子どもの片付けを考えてみましょう。

親がやれば5分で済むことが、子どもがやると30分かかることもあります。

しかし、その30分こそが大切なのです。

その時間は、子どもが試行錯誤し、問題解決能力を育む貴重な機会なのです。

介護の仕事は、子どもの片付け以上に時間に追われがちですが、私は「待つ」余裕を持ちたいと考えています。

それは単なる時間の問題ではなく、心の余裕を持つことでもあるのです。

朝の時間がバタバタするなら、いつもより1時間早く起きて準備を始めればいいのです。

その手間を惜しんではいけません。

なぜなら、その「余裕」が利用者さんの自立を支える土台となるからです。

急いで手助けをするのではなく、待つことが重要なのです。

この「待つ」という行為は、実は非常に積極的な支援なのです。


私の母親は、私ができることなのに私にやらせず、すべてやってしまう人でした。

子どもだった私は、それがとても迷惑だと感じることがありました。

「お母さん、私にやらせてよ」

と言いたくなることが多々ありました。

この経験が、私の介護観に大きな影響を与えたのです。

「自分でやりたい」という想いを、私たちは尊重する必要があります。

利用者さんも、幼かった私と同じ気持ちを抱いているのではないか。

にもかかわらず、スタッフがやりすぎると、自分でできることがないと感じてしまうかもしれません。

これは、利用者さんの自尊心を傷つける可能性すらあるのです。

もちろん、スタッフは仕事として介助をしています。

ですが、利用者さんの視点に立つと、それが成長の妨げになることもあるということ。

本当に利用者さんのためを考えるなら、待つことが重要な場面もあるのです。

それは、利用者さんの可能性を信じることでもあります。

もっと利用者さんが自分でできることを増やし、困ったときに手助けを求めやすい環境を作ることが大切。

そしてその環境づくりは、全員で取り組む必要があります。


待つ介護を通じて、スタッフが手出しをしすぎず、利用者さんが自分でできることを増やしていく。

それは、単に介助の量を減らすということではありません。

利用者さんの潜在能力を引き出し、自信を持ってもらうことなのです。

それが、利用者さんの自立と成長を促す、真の支援なのだと私は確信しています。

障がいがあっても、挑戦する権利がある

日本の福祉制度について、私は長年この業界に携わってきた経験から、いくつかの問題点を指摘したいと思います。

まず、細かな制限が多すぎると感じています。

税金を使う事業なので一定の制限は必要ですが、それにしても行き過ぎているのではないでしょうか。

「なぜ最初から『駄目だ』と決めつけるのか」

と、私はよく疑問に思います。

ある人との会話を思い出します。

障がいのある方たちと船に乗るイベントを開催したいと伝えたところ、

「障がい者を船に乗せるのは危険です」

と彼は首を縦に振りませんでした。

「具体的に何が危険なのでしょうか」

と尋ねたところ、

「転倒の危険があります」

と言われましたが、私は反論しました。

「健常者でも転倒する可能性はあります。それなら、みんなが船に乗れないということになりませんか?」

障がい者に対するこのような特別な扱いが、逆に不公平さを生んでいるように感じます。

また、「特別支援学校」という名称にも違和感があります。

彼らには特別な支援が必要なのだ、ということを強調しすぎているように思えるのです。

ある保護者からこんな言葉を聞きました。

「うちの子は『特別』じゃありません。ただ、少し違う方法で学ぶだけなんです」

この言葉に、私は強く共感しました。


ほかにも支援が過剰で、障がい者を特別視しすぎていると感じることが少なくありません。

「危ない」という言葉をよく耳にします。

障がい者がやりたいことに対して、この言葉が障壁になっているのです。

ある日、視覚障がいのある方が料理をしたいと言いました。

周りの人々は「危ない」と反対しましたが、私は提案しました。

「では、どうすれば安全に料理できるか、一緒に考えてみませんか?」

まるで小さな子どもに対するときのように、障がい者が失敗しないよう先回りしているように見えます。

最近は、親が子どもの失敗を避けるために、とにかくリスクの高いことはさせないようにすると聞きますが、福祉の現場もどこか似ているように感じます。


ある専門家はこう言いました。

「失敗は成長の糧です。障がいの有無に関わらず、挑戦し、失敗し、学ぶ機会が必要なのです」

日本の福祉制度には、もっと柔軟な対応が求められると私は考えています。

障がい者を特別視せず、共に行動することの大切さを訴えたいのです。

過度の予防が、かえって行動の制限になっているのではないでしょうか。


ある車椅子ユーザーの方がこう語ってくれました。

「僕たちは保護されるべき存在じゃない。社会の一員として、貢献したいんです」

私は深く感銘を受けました。

これからも、福祉制度の改善を目指して努力していきたいと思います。
「障がいがあっても、挑戦する権利がある」
そう私は信じています。
そして、その挑戦を支える社会を作ることが、私たちの責任なのです。
障がい者と健常者が互いに学び合い、成長し合える社会。
そんな社会の実現に向けて、私は小さいながらもこれからも声を上げ続けていきます。

おわりに

この本を書き終えて、改めて「福祉」と「音楽」という2つのキーワードが、私の人生においていかに大きな役割を果たしてきたかを実感しています。

福祉の世界に足を踏み入れたのは、小学3年生のときに出会ったYちゃんがきっかけでした。

それ以来、介護や障がい者支援の分野で働き続け、29歳で自らの会社を立ち上げるまでに至りました。

福祉の仕事を通じて、人々の生活に寄り添い、支援することの喜びと責任を日々感じています。

一方で音楽は、私の人生に彩りと活力を与えてくれました。

高校時代のカラオケでの思い出、そして最近始めたライブハウス「intro.」の運営。

音楽は単なる娯楽以上の、人々をつなぎ、心を癒す力を持っています。


そして今、この二つの世界が交差する地点に立っていることを強く感じています。


ライブハウス「intro.」の経営は、福祉と音楽を融合させる新たな挑戦でした。

障がいのある方やそのご家族も、安心して音楽を楽しめる場所を作りたいという思いから生まれたこの場所は、多くの人々の心をつなぐ架け橋となっています。

音楽には、言葉を超えて人々の心に直接訴えかける力があります。

障がいの有無に関わらず、誰もが音楽を通じて喜びや感動を共有できる。

そんな当たり前のようで、実現が難しかった環境を作り出すことができたのは、福祉の現場で培った経験があったからこそだと思います。

同時に、音楽の持つ力が福祉の現場にもたらす影響の大きさも日々実感しています。音楽療法の効果は広く知られていますが、それ以上に、音楽を通じて人々がつながり、互いを理解し合える機会を提供できることの意義は計り知れません。

「待つ介護」の重要性を説く中で、私はしばしば音楽を例に挙げることがあります。1つの曲を完成させるまでには、練習や試行錯誤の時間が必要です。

同様に、介護の現場でも、利用者さんの成長や自立を「待つ」ことが大切なのです。そして、その過程で生まれる小さな進歩や成功が、美しいメロディのように人々の心を打つのです。

また、障がいのある方々に対する過度な制限や特別視に疑問を投げかける際にも、音楽は良い例えとなります。

音楽を楽しむ権利は誰にでもあり、その表現方法は人それぞれです。

同じように、障がいの有無に関わらず、誰もが自分らしく生きる権利を持っているのです。

この本を通して、福祉と音楽という一見異なる二つの世界が、実は深くつながっていることをお伝えできたのではないでしょうか。

人々の心に寄り添い、生きる喜びや希望を与えるという点で、福祉も音楽も同じ役割を果たしているのです。

これからも私は、福祉と音楽の力を借りながら、誰もが自分らしく輝ける社会の実現に向けて歩み続けていきたいと思います。

介護の現場でも、ライブハウスの運営でも、常に人々の心に寄り添い、一人ひとりの可能性を信じ、支援していく。

そんな姿勢を貫いていきたいと考えています。

この本を手に取ってくださったみなさまに心からの感謝を申し上げます。

みなさまの人生に、福祉と音楽がもたらす喜びが満ちあふれますように。

そして、一人でも多くの方が、自分らしく生きる勇気と希望を持てますように。

最後に、私の人生を支え、励まし続けてくれた2人の息子たちに心からの感謝を伝えたいと思います。

シングルマザーとして仕事に奔走する中、いつも理解を示し、応援してくれた2人の存在は、私にとってかけがえのない宝物です。

2人がどれほど私の力になったか、言葉では言い表せません。

時には寂しい思いをさせてしまったかもしれません。

それでも、いつも笑顔で迎えてくれた2人に、心から「ありがとう」と伝えたいです。

あなたたちの存在が、私の原動力であり、すべての挑戦の源です。

これからも、あなたたちが誇れる母親であり続けられるよう、日々精進していきます。

さらに、私の夢を共に追い続けてくれている会社の従業員のみなさまにも、深い感謝の意を表したいと思います。

株式会社S&T、株式会社リバーアップ、株式会社なかよし、株式会社KTFの従業員のみなさまの献身的な努力と情熱がなければ、私たちの会社は今日までこれほどの成長を遂げることはできませんでした。

困難な時期も、喜びの時も、常に一緒に乗り越えてきたみなさまは、私にとってかけがえのない家族です。

みなさまの笑顔と頑張りが、私の毎日の励みとなっています。

これからも共に、より多くの人々の人生に寄り添い、支援していけることを心から嬉しく思います。

本当にありがとうございます。

2024年9月　川上佐智子

川上佐智子（かわかみ・さちこ）

株式会社Ｓ＆Ｔ代表取締役

1982 年生まれ。福岡県出身。
小学 3 年時に障がいのあるクラスメイトと仲良くなったことをきっかけに、福祉に興味を抱き始める。
高校卒業後、精神科病院に勤務。
21 歳で結婚。22 歳、24 歳で息子を出産するも、28 歳で離婚。
病院を退職し、2 人の息子と生活をしながらヘルパーステーションでアルバイトをし、さらにネイルの専門関係に通う。

その後、29 歳で独立し起業。

ヘルパーステーションからスタートし、デイサービスや障がいがある方たちの就労の場として飲食店などをオープンさせる。

現在はそれらに加え、老人ホームや障がい者がともに暮らすシェアハウスなど、福祉事業を幅広く展開しながら、2023 年 6 月にライブハウス intro. をオープン。

本書が初の著作となる。

ロックな福祉

福祉施設から始まった、だれも置いていかないライブハウス

2024年　11月6日　初版　第1刷発行

著　者　　　川上佐智子

発行所　　　株式会社 游藝舎
東京都渋谷区神宮前二丁目28-4
電話 03-6721-1714　FAX 03-4496-6061

印刷・製本　中央精版印刷株式会社

ISBN978-4-911362-02-0 C0030